Jugement   3e Janvier 1751

Les Commissaires generaux du Conseil etablis par S. M. par ses lettres patentes du 7e mars 1748. Vu le procès extraordinairement instruit fait, et parfait, à la requeste du procureur General du Roy en la Commission demandeur et accusateur. Contre françois Mahé de la Bourdonnois Capitaine d'une des fregattes de S. M., et chargé du Commandement de l'Escadre qui a fait le siege, et la prise de la Ville de Madrass. Thomas Jacques de la Gatinais officier des Vaisseaux de la Compagnie des Indes. Cezar Guillaume de Bonneville aydecamp dudit Mahé de la Bourdonnois, Jacques Montigny du Desjardins soldat de la Compagnie des Indes deffendeurs, et accusés. et encore contre le nommé André domestique dudit Mahé de la Bourdonnois accusé du Contenu ès Lettres patentes de S. M. du 7e mars 1748 signées Louis et plus bas phelypeaux, et scellées du g[ran]d sceau de Cire jaune, par lesquelles S. M. auroit commis Mrs Trudaine, Gilbert de Voisins, et Bidé de la grandville Cons[eillers] d'Etat, Doublet de persan, Bignon, Joly de fleury, Du four de Villenneuve Bertin, et de la michaudiere Maitres des Req[uê]tes ordinaires de S[on] hostel pour juger en d[ernier] Ressort ou nombre de 7 au moins en la Chambre Royale et de l'arcenal par un ou plusieurs jugemens interlocutoires, ou deffinitif le procès que S. M. veut estre fait, et parfait au d[it] Mahé de la Bourdonnois ses complices et adherans, au rapport dudit S[ieu]r Dufour de Villenneuve commis à cet effet, la semble pour l'instruction du procès avoir nommé le S[ieu]r Lambert Cons[eiller] du Roy en son G[ran]d Conseil pour son procureur general en la Commission, et auroit permis à nous Commissaires susdits de subdeleguer tels Juges Royaux que nous aviserions pour l'instruction dudit procès, si bon nous est et tout en outre P[rocureu]r G[enera]l du Roy de substituer audit cas tel gradué qu'il aviseroit nous auroit en outre donné pouvoir de choisir pour Greffier de la Commission telle personne que nous aviserions, en luy faisant preter le serment en tel cas requis et accoustumé. Notre jugement du 11e mars 1748 par lequel les d[ites] lettres patentes ont été Enregistrées, et elles Executées selon leur forme, et teneur, et qu'il sera à tous ou besoin sera à la req[uê]te dud[it] P[rocureu]r G[enera]l du Roy en la Commission, et a esté reçeu le serment de M[aîtr]e Simon Menard Greffier de la Chambre Civile, et de police de Chastelet de paris que nous avons nommé pour greffier de la Commission. La req[uê]te dud[it] P[rocureu]r G[enera]l du Roy en la Commission contenant plainte des abus, malversations, Concussions et autres Crimes, et delits commis par led[it] Mahé de la Bourdonnois

et ses comptes, lors qu'après la prise de la ville de Madras en mois de 9bre 1746
au fin d'en être informé à la Req.te du d. pr. g.l parvenu le dit sr. Dufour de
Villeneuve l'un de nous, et à ce qu'a été fait donné au d. pr. g.l de ce que le sa
req.te sont jointes les pièces suivantes. Scavoir. un Cahier signé &
copié et coté de la Bourdonnais conten. la correspondance des lettres de
Mr. de la Bourdonnais, Dupleix et autres, et les articles de la Capitulation et
de rançon de la dite ville de madras, les d. pièces étant de l'envoy du dit s.
la Bourdonnois. Un autre Cahier contenant la correspondance du
Conseil de madras avec celuy de pondichery commançant par une lettre
du 23. 7bre 1746. Un autre Cahier contenant le journal des députés
du Conseil superieur de pondichery à Madras, signé des officiers du d.
Conseil. Notre jugement du 12e mars 1748 qui donne acte au d. pr. g.l
de sa plainte, ordonne q.l sera informé à la Req.te des faits y contenus par
devant le d. sr. Dufour de Villeneuve l'un de nous. commis pour l'instruc.
du proces, par les d. lettres patentes; donne acte des pièces jointes à la
d. Req.te et ordonne qu'elles demeureront deposées au greffe de la
Commission, pour servir au jugem.t du proces reçu d'ever sur son
assignation à la Req.te du d. pr. g.l du Roy tous témoins y denommés pour
deposer par devant le d. sr. Dufour de Villeneuve. Information faitte
à la req.te du dit pr. g.l du Roy par devt. le d. s. Dufour de Villeneuve
le 13. mars 1748 composée de 7. témoins. jugement du 15e mars 1748
qui ordonne que le d. mahé de la Bourdonnois sera arrêté, et recommandé
sous le bon plaisir de s. ett. au Chateau de la Bastille, ou il sera detenu
p.r estre advis, estre ouy, interrogé sur les faits resultans des
informations, et repondre aux conclusions du d. pr. g.l et qu'il sera
informé par addition des faits contenus en sa plainte.
Requette du d. pr. g.l aussi fin q.l soit ordonné qu'en sa presence en
celle du dit s. de la Bourdonnois, il soit procedé par le d. sr. Dufour de Villeneuve
à la levée des scellés apposés sur le port. feuille du dit s. de la Bourdonnois,
iceux prealablement reconnus par le S.r de Rochebrune qui les a
apposés, comme aussy, à la levée des cachets apposés sur aucunes lettres missives
adressées tant au d. de la Bourdonnois, qu'à autres, et qui ont été deposés
au greffe de la Commission. jugement du 15 mars 1748 qui ordonne la
levée des d. scellés, et cachets, et le dépôt au greffe de la Commission des
pieces renfermées sous iceux. Procès verbal fait par le d. sr. Dufour de
Villeneuve le 18e mars 1748 en la presence du d. pr. g.l et en celle du dit s.
la Bourdonnois, de levée des scellés apposés sur le d. port. feuille, iceux reconnus
faits, et entier, par le d. Comm.re de Rochebrune, par lequel les pieces contenues
et detaillées au d. procès verbal, ont été deposées es mains du dit me. Ellinard, gr. eff.r
de la Commission, le d. procès verbal, contenant aussy l'ouverture et description
des lettres missives deposées au greffe par le d. pr. g.l du Roy, le tout en
l'execution de notre susd. jugement. L'arrêté, et recommandé du dit mahé
de la Bourdonnois au Chateau de la Bastille sous le bon plaisir de s. ett.
interrogatoires subis par le d. mahé de la Bourdonnois par devant le dit sr.
Dufour de Villeneuve les 16. 17. 18. 19. 20. 22. 23. 24. 25. 26. 27. 28. 30. et

31. dudit mois de mars 2. et 4. avril. 2 may. 11 et 25. aoust 1748. de matin
et de releuée. assignations données a la req.te dud. p.r g.l aux temoins cy
denommés pour deposer en l'addition d'information cy apres. addition
d'information faite a la req.te dud. p.r g.l par led. s.r Dufour de Villeneuue, composé
de 2. temoins des 1.er Jean 2.e aoust 1748. jugement portant decret de prise
de Corps Contre Thomas jacques dit le Gatinais officier de Vaisseau et Cy
nommé André arabe d'origine, Domestique dud. de la Bourdonnais par
lequel en ordonné que la d. addition d'information sera continuée a la
req.te dud. p.r g.l du Roy du 3. may 1748. Arresté et reconnu dud. dit la
Gatinais, au Chateau de la Bastille sous le bon plaisir de S. M. interg.ts
de la Gatinais fait par led. s.r Dufour de Villeneuue les 17. 19. et 20. juin
1748. assignations données a la req.te dudit p.r g.l en la commission au
temoin cy denommé pour deposer en l'addition d'information cy apres.
Deuxieme addition d'information faite a la req.te dud. p.r g.l par ledit
s.r Dufour de villeneuue composé d'un temoin du 18.e juin 1748. et
jugement qui ordonne les temoins ouys es dites informations ensemble
ceux qui pourront estre entendus dans la suite seront recolés en leurs
depositions, et si besoin est confrontés aux accusés, et que les accusés
seront pareillement repetés en leurs interrogatoires, et si besoin est
confrontés, et cependant que les informations seront continuées du 9
aoust 1748. Requeste dud. p.r g.l du Roy tendante a ce qu'il soit
ordonné que par un tel jugé Royal qu'il plaise a la Chambre connoistre
et sur la plainte dudit p.r g.l du Roy dont expedition sera envoié au
dit lieutenant et greffe dudit Commissaire, les temoins qui se trouueront
tant au port de Lorient, que buison qui seront indiqués par le
p.r du Roy et la femme adresse d'auray nommé par ledit p.r g.l du Roy en
la Commission pour son substitus seront entendus a la Requeste du
dit p.r g.l du Roy, poursuite et diligence desd. substitus, par
devant lequel Commissaire les d. temoins seront en suitte recolés
en leurs depositions du 3. 7.bre 1748. jugement qui commet le
senechal d'auray aux fins desd. informations et recolement avec
pouuoir aud. senechal d'auuray de se transporter par tout où besoin
sera, mesme hors de son ressort a l'effet desd. informations et recolem.
du 5.e 7.bre 1748. Commission scellée du g.d Sceau de Cité, jacen pour l'execution
dudit jugement du 19.e 7.bre 1748. assignations données a la Req.te
dudit p.r g.l du Roy poursuite et diligence de son substitus aux temoins
cy denommés pour deposer par devant led. senechal d'auuray et pour
estre recolés en leurs depositions, information faite par ledit senechal
d'auuray, composé de 42. denoux des 19 octobre 6. 8. 17. 20. 21. 25. 26.
27. 30. 9.bre. 1. 4. 5. 6. 14. 15. X.bre 1748. 2. 4. 7. 13. 24. 25. 30. 31. janv.er 10. et 11. febv.er 1749.
Recolements desdits temoins faits par ledit senechal d'auuray les 19 8.bre 7. 8. 17.
18. 20. 21. 27. 30 novembre. 1. 4. 5. 6. 14. 15. X.bre 1748. 2. 4. 7. 13. 24. 25. 30.
31. janv.er 10. et 11 febvrier 1749.

Requeste dudit procureur g[énér]al du Roy auquel fut ordonné qu'en l'a presence en
celle dud. m[ait]re de la Bourdonnois, il sera procedé par led. s[ieu]r Dufour de Villeneuve
à la reconnoissance de l'Etat des cachets apposés par aucunes lettres, et paquets
arrivés sur les vaisseaux tout nouvellement venus de la martinique à
l'adresse dud. m[ait]re de la Bourdonnois et ceux de son Epouse, et à l'ouverture
d'iceux cachets, dont serai dressé procès verbal, ensemble des pieces qui
se trouveroient sous lesd. cachets, et autres pieces, et paquets qui pourroient
etre remis dans la suite au dit pr. g[énér]al du Roy du 7e decembre 1748
jugement qui adjuge lesd[ite]s de lad. Req[ues]te du 1er j[anvie]r 1749. procès
verbal fait par led. s[ieu]r Dufour de Villeneuve en la presence dudit pr. g[énér]al
en celle dud. m[ait]re de la Bourdonnois de l'Etat des cachets et ouv[ert]ure par les
lettres, et paquets a presentés par led. pr. g[énér]al et des pieces y contenues, lesqu[elle]s
pieces ont été par luy paraphées par led. et m[ait]re de la Bourdonnois, et par
d. s[ieu]r Dufour de Villeneuve, et cottés par 1ere et d[erniè]re par led. s[ieu]r Dufour
de Villeneuve au nombre de 40 cottés par ledit s[ieu]r Dufour de Villeneuve
le 15e j[anvie]r 1749. Requette dud. pr. g[énér]al du Roy auquel fut ordonné
que l'information encommancée par ledit senechal Dauvay fut
par luy incessamment et aussi continuées avec les recolemens par luy
faits au greffe de la Commission, et auquel fut ordonné qu'il seroit
informé par addition par ledit senechal Dauvay des faits contenu
en la plainte dudit procureur g[énér]al du Roy, pour auquel icelle comme
les temoins par luy ouys seroient recolés, et testes au quel led[it]
Commi[ssai]re pourroit setdans pouvoit portera ou besoin seroit, même hors
son ressort du 30e j[anvie]r 1749. jugement qui ordonne le depot au
Greffe des pieces cottées par led. procès verbal dud. s[ieu]r Dufour de
Villeneuve du 15e j[anvie]r 1749. depuis la 1ere jusques et compris la 27e
cotte, et depuis la 40e jusques et compris la 50e et d[erniè]re ordonne que la
cotte 28e et les suivantes jusques et compris la 39e seront remis
par m[onsieu]r le s[ieu]r g[reffier] de la Commission aux agens, et procureurs
dudit m[ait]re de la Bourdonnois, et qu'il sera delivré aux dits agens,
et procureurs des extraits concernant les affaires dudit m[ait]re de la
Bourdonnois dans lesquels pieces cottés 13. 15. 17. 19. 27 et 44 du 31 j[anvie]r 1749
procès verbal fait par led. s. Dufour de Villeneuve en la presence de
d. pr. g[énér]al des extraits des pieces contenues aux d. cottes 13. 15. 17. 19. 27 et
44 du 1er f[évrie]r 1749. assignations donnés aux temoins y denommés
à la req[uê]te dud. pr. g[énér]al du Roy poursuite, et diligence de son substitut, pour
deposer en l'addition d'information ordonné pour avoir led. senechal
Dauvay, et etre recolés en leurs positions. Addition d'information
fait par led. senechal Dauvay composé de 23 temoins des 16. 17. 27. 30.
31 mars, 1er avril, 5 et 6 may 1749. Recolemens des d. temoins des
16. 17. 27 30. 31 mars, 1er avril 5 et 6 may 1749 fait par led. senechal
Dauvay

Requeste dudit p.r g.l a ceque commission luy soit delivrée aux fins de faire
assigner a la req.te pour p.le. e diligence de son substitut, les temoins qui ont
esté entendus, et recolés par devant led. seneschal d'Auvay pour estre
confrontés aux accusés du 31 x.bre 1749. ordonné des d. s.r du four de
Villeneuve portant sa commission aux fins de la Req.te sur ord. fel. 1749
commission scellée du g.l sceau presta dite ordon.t du 6 fel. 1749.
aute de commission scellée du g.l sceau expediée sur nôtre jugement
du 31 x.bre 1749. qui ordonne l'addition d'information a Auvay la d.te
commission du 6 fel. 1749. assignations données a la Req.te dudit
p.r g.l aux temoins y denommés pour deposer en la 3.e addition
d'information par devant ledit s.r Dufour de Villeneuve. Troisieme
addition d'information faite a la vig.e des p.rs g.l par le s. Dufour de
Villeneuve composée de 25 temoins des 11. 18. j.er 22 feb. 3. 20 mars. 5. 5.
avril. 13 juin. 13. 15. 20. 23. et 28.e juillet 1749. jugemens que
sur le rescel le recolement f.ta Auvay de Navire au nommé Leuré le 11.e fel.
1749 en sa disposition, ordonne que ladite Leuré sera de nouveau ouïe
par devant led. s.r Dufour de Villeneuve. ordonne en outre que lors de la
representation qui sera faite a ladite Leuré, lors de son recolement du
paquet cacheté mentionné en sa disposition, ledit paquet sera ouvert
par led. s.r Dufour de Villeneuve, en presence de la d. Leuré et les papiers
etans sous l'enveloppe d'icelluy paraphés par led. s.r Dufour de
Villeneuve et la d. Leuré, e presuivant l.ol du ss.el de l'Etat d'iceux du
14.e mars 1749. assignations données a la requeste dudit p.r g.l
aux temoins y denommés pour estre recolés en leurs depositions par
devant led. s. Dufour de Villeneuve. Recolemens faits par
devant led. s. Dufour de Villeneuve des temoins y denommés
des 11 e 7.bre 1749. 11. 22. j.er 25 feb. 5. 22 mars. 15. 7. avril. 7. 19. 27
et 28 juillet. 1.er 21 et 25 aoust 13. 7.bre. 2. x.bre 1749. 5. 12. 14.
fel. 21. 27 mars 16. 22. 31 may. 20 juillet. 22 aoust. 17. 20 et 26
9.bre 1750. 20 x.bre e 15 j.er 1751. interrogatoires subis
par led. in ch.é de la Bour d'Auvay par devant led. s. Dufour de
Villeneuve le 26 feb. e 9 juillet 1749. assignations
données a paris a la req.te dud. p.r g.l aux temoins y denommés
pour être confrontés aux accusés. autres assignations données
a la req.te dud. p.r g.l pour suite, e diligence de son substitut
aux temoins y denommés pour estre e pour il demeure confrontés
aux accusés. Confrontations faites par led. s. Dufour
de Villeneuve des temoins y denommés aud. in ch.é de la Bour d'Auvay

es ... 2. 7 9bre 1748. 11 7bre 18. 25. et 6. fer. es 2. 4. 5. 6. 8. 11. 15. 17. 22 ma
7. 8. 22 avril. 1. 7. 10. 19. 27 juiller. 1er 24. aoust. 13. 7bre 2. 8bre 1749.
5. 12. 18. fer. 21. 27 mars. 1. 6. 22. 31 may. 12. 14. 18. juiller. 4. 11. 22 avr.
13. et 20 9bre 1750. Confrontations faite par un nel led. Sr.
Dufour et Villeneuve des temoins cy denomés led. Sr. Lagostenais des 1er
2. 7bre 1748. 12. fer. 4 avril et 9 juiller 1749. Assignation donné
a la req.te dud. pr. gl. aud. andré a 13n. par attache a la porte de la chamb.
Royale de Loscual le 14e mars 1749. Procesverbal de perquisi
fait a la req.te dud. pr. gl. du Roy de la personne dud. andré en son dre.
domicile de domesticité vie de condé en cette ville de paris du 19 ma
1749. autre procesverbal de perquisition fait a la req.te dud. pr. gl.
de la personne dud. andré en son dt. Domicile de domesticité vie
d'Infer en cette ville de paris du 19e mars 1749. Assignation donn
a la requette dud. pr. gl. aud. andré a 15n. a la halle de cette ville de paris
par attache au pilory du 19e mars 1749. assignation donné
a la req.te dud. pr. gl. aud. andré a 15n. en son dt. Domicile de
Domesticité vie de condé aud. Infer le 19e mars 1749. autre
assignation donné a la req.te dud. pr. gl. aud. andré a 15n. au
domicile en ... le pr. gl. au palais au ...mens de paris du 19e mars
1749. jugemens que declare led. diff. en cas d'ban contre led. andré
leu au greffe de la commission porté pr. gl. le 12e avril 1749.
jugemens que declare led. diffaut. bien, et dumens obtenu contre le
d. andré, ordonne que led. andré fera assigné par un seul cry —
public a la 8n. du 19e mars 1749. jugemens par lequel en ordoné
que le procesverbal des scellés apposés dans le Vaisseau le prin usse
et Marie dans la rade de laladraft en l'annee 1746 fera apporté au greffe
de la commission, pour servir a l'instruction et au jugemens du proces e
que devoison du 19e may 1749. procesverbal de description des
effets et marchandises trouvé dans led. Vaisseau, et d'appod de scelle
fur le l'ceuillles d'celles, signé Deboville Dukoller et Boheur du 26 9bre
assignation donné a la req.te dud. pr. gl. aud. andré a 9n. et 7 publie
a la halle de cette ville de paris au mande pillory du 24e may 1749.
autre assignation donné a la req.te dud. pr. gl. aud. andré a 9n. et 7
publie a la halle de cette ville de paris au mande pillory du 24 may 174
autre assignation donné a la req.te dud. pr. gl. aud. andré a 9n. par cry pub
en dt. Domiciles de domesticité dud. d. andré vie de condé aud. Infer
du 24e may 1749. Requette dud. pr. gl. au qu. fur ordoné que pardevant
led. seneschal Dauvay, j'a commis par nous il fera in fovmé par addit-ion
des faits contenus en la plainte dud. pr. gl. et que les temoins par luy ...
fervis recolés, et leffet d'qu... il fera... sera... et... ...
fera, même hors de sen effon, et cependan qu'un fov matton fera ...

continué a paris du 9e aoust 1749. Jugement qui ordonne ladite addition
d'information, par devant led. senechal d'auray, et pour le transport dud.
commre ou besoin sera, en mettre hors de son ressort ordonne en vertu qu'il sera
qui fourni par addition par devant led. Sr Dufour de Villeneuve du 11 aoust
1749. Requeste du Sr Pr gl duRoy auquel il est ordonné que par devant
led. juge Royale qu'il nous plaira commettre, et pour assister les témoins
qui sont donnés pour en la ville de Bren, que sur le Vaisseau L'anglois
et autres qui pourront arriver audit port ou dans les lieux et concours de
ladite ville qui sont indiqués pour les subsistus dud. Pr gl duRoy
seront entendus dans l'information qu'il sera a eu et sera ordonné, par devant
le quel commre les témoins ou ils seront lusuitte recolés, et qu'a cet
effet led. commre pour se transporter partout ou besoin sera même hors
de son ressort du 9e aoust 1749. Jugement qui ordonne ladite information
par devant le senechal de Bren, et pour le transport dud. commre partout
ou besoin sera, même hors de son ressort du 11 aoust 1749. Jugement
du dix jour qui ordonne que les Recolemens des témoins ou les dites
informations, et ceux qui pourront l'estre dans lasuitte, et repetitions des
accusés dans leurs interrogatoires vaudront confrontations alencontre
dud. autre. Assignations donnés a la reqte dud. Pr gl aux témoins y
dénommés pour deposer en la 14e addition d'information par devant
led. Sr Dufour de Villeneuve. quatorsieme addition d'information
faite a la requeste dud. Pr gl par devant led. Sr Dufour de Villeneuve
composé de 4e témoins des 22. 23. aoust. 11 7bres et 19. 9bre 1749.
assignations donnés a la reqte dud. Pr gl pour suitte, et diligence de son
substitus aux témoins y dénommés pour deposer en la addition
d'information cy apres. et d'audevis en leurs depositions. Deuxreme
addition d'information faite par le senechal d'auray composée de
19 témoins des 13. 23. 8bre 6. 7. 10. 16. 27. novembre et 6. xbre 1749.
Recolemens desdits témoins faits par devant led. senechal
D'auvay des 13. 23. 8bre 6. 7. 10. 16. 27. novembre et 6. xbre 1749.
La pieces presentés audit mohi de la Bourdonnois lors des
interrogatoires. Lettre originalle signée dudit mohi de la
Bourdonnois au Rouille Conr d'Etat dattée a lisle de France le
4e 9bre 1746. Cottée pour 1re et 2e page par led. Sr Dufour de
Villeneuve, et de luy, et dudit Sr la Bourdonnois paraphée au desir
d'interrogatoire dudit de la Bourdonnois du 16 mars 1748.
une piece contenans extrait des instructions donnés audit de la
Bourdonnois et années 1734 et 1741. Commission L'nuade
audit de la Bourdonnois en 1745. pour commander les Vaisseaux

de la Compagnie, et la copie d'une lettre ecritte par m. Dierge
Controlleur general aud. de laBourdonnois le 29e. janvier 1745 les 7 pieces
relatives a la d. lettre dud. de la Bourdonnois ont esté ff. Rouillé
la d. piece aussy cottée et toutes les pages paraphé. d. Dufour de
Villeneuve, et par luy paraphées, et par led. delaBourdonnois au
desir dud. interrogat.re du 16. mars 1748. un Cahier ou memoire
par led. delaBourdonnois a la Compagnie des indes contenans la
correspondance de differentes lettres ecrittes tant par led. laBourdon
que par led. Dupleix et autres en l'année 1746 toutes les pieces prece.
relatives a la d. lettre dud. delaBourdonnois ont monté ff. Rouillé le d.
Cahier Cotté par 1re. et 2e. page par led. Dufour de Villeneuve, cotte, et par
d. de la Bourdonnois paraphé au desir dud. interrogatoire du 16. mars
1748 dans lequel cahier sont differentes lettres representées aud. dela
Bourdonnois dans ses differens interrogatoires, scavoir une lettre du d.
Dupleix aud. delaBourdonnois du 20 juillet 1746 aluy representée dans
son interrogatoire du 17 mars 1748. une lettre dud. delabourdonnois
aud. Dupleix du 26. aoust 1746. aluy representée dans le d. interrogat.e
du 17. mars, et dans celuy du 23. mars 1748. une lettre des officiers
du Conseil superieur de pondichery aud. dela Bourdonnois du 6.
aoust aluy representée par led. interrogatoire du 17. mars 1748. une
sommation faite delapart dud. Conseil superieur de pondichery
aud. dela Bourdonnois le 27. aoust 1746. et la reponse dud. dela bourdon.
du meme jour. une lettre dud. delabourdonnois Dupleix audit dela
Bourdonnois du 27. aoust aluy representée par son interrogatoire
du 18. mars 1748. une lettre dud. delaBourdonnois aud. Dupleix du
4. 7bre. 1746. et la reponse dudit dupleix aud. dela Bourdonnois du 6. 7bre.
1746 aluy representée son de son interrogatoire du 17e. mars 1748. une
lettre dud. delaBourdonnois aud. Dupleix du 23. 7bre 1746 aluy
representée par ses interrogatoires des 20. 23. et 31. mars 1748. une
lettre dud. Dupleix aud. delaBourdonnois du 23. 7bre. 1746. huit heures du
soir aluy representée par ses interrogat.res des 16. et 22. mars 1748. une
lettre du Conseil superieur de pondichery aud. dela Bourdonnois du 23.
7bre. 1746 aluy representée lors de son interrogat.re du 24. mars 1748. acte
du Conseil de pondichery parlequel il annule le traité de rançon comme
fait sans autorité legitime avec des personnes representé audit delaBour.
par son interrogat.re du 4e. avril 1748. une sommation du Gouverneur anglois
de Madrast audit dela Bourdonnois du 29e. 7bre 1746 aluy representé parson
interrogat.re du 19e. mars 1748. une delibération du conseil de guerre tenu
au Madrast le 2e. 8bre. 1746 representé aud. delaBourdonnois parson interrog.
du 19e. mars 1748. une lettre ecrite parled. Bonneau aud. delaBourdonnois
du 26. 7bre. 1746 aluy representé par son interrogat.re du 27e. mars 1748.
une lettre du Conseil superieur de pondichery aud. delaBourdonnois du
24. 7bre. 1746. aluy representé par ses interrogatoires des 20. et 22. mars 1748.
une lettre dud. delaBourdonnois aud. Dupleix du 10. octobre 1746 aluy representé
par son interrogat.re du 22. mars 1748. une lettre delaBourdonnois au dupleix
du 11. 8bre. 1746 aluy representé par son interrogat.re du 25. mars 1748.

Cahier de pièces intitulé, Cahier contenant copie de pièces des affaires de la Dladon laissé ès mains de de prunevil cotté par 1re et Dre page par le d. Sr Dufour de villeneuve de luy parapher, et du d. de la Bourdonnois audit de son interrogate du 31 mars 1748 Ledit Cahier contenant le detail des pièces faites à la Dladon par le cadre dudit Labourdonnois, et differentes pièces, desquelles ont été représentés les suivantes audit de la Bourdonnois savoir un proces verbal d'ouverture de coffres de la Compagnie des indes d'angleterre du 29e 7bre 1746. Un autre proces verbal d'ouverture du tresor de lad. Compagnie du 3. 8bre 1746 représenté aud. de la Bourdonnois par son interrogat. du 31 mars 1748. Un acte de protestation du gouverneur et des Cons. anglois adressé aux. M. Dupleix et au Conseil superieur de Pondichéry, représenté aud. De la Bourdonnois par son interrogate. du 25e mars 1748. Un Cahier de 72 Roles envoié par les Dupleix à la Compagnie des indes, contenant les lettres ecrittes par led. Dupleix aud. de la Bourdonnois dont plusieurs représentés aud. de la Bourdonnois par ses differens interrogat. son parapher par led. Sr Dufour de Villeneuve seulement, les de la Bourdonnois ayant refusé de les parapher, les d. paraphes faits au desir de son interrogate. du 25 mars 1748. et dans plusieurs, des dites lettres missives et d'après, et plusieurs lettre dudit Dupleix aud. de la Bourdonnois du 12e aoust 1746 à luy représenté par son interrogatoire du 18 mars 1748. une lettre dud. Dupleix aud. de la Bourdonnois du 21. 7bre 1746. à luy représenté par son interrogatoire du 20 mars 1748. une lettre dud. Dupleix aud. de la Bourdonnois du 8 octe 1746 à luy représenté lors de son interrogate. du 18 mars 1748. Cahier de 11 Roles contenant copie de lettres du S. De prunevil aud. Dupleix, dont plusieurs représentés son parapher par led. Sr Dufour de villeneuve seulement, le dit de la Bourdonnois ayant refusé de les parapher, au au desir de son interrogate. du 24e mars 1748 ledit Cahier contenant les lettres ci après. une lettre du 20 7bre 1746 4 heures du soir représenté aud. de la Bourdonnois par son interrogat. du 24 mars 1748. une lettre du 21. 7bre 1746. 9 heures du soir à luy représentée par ses interrogatoires des 24 et 27 mars 1748. une lettre du 23. 7bre 1746 à luy représentée par son interrogat. du 27e mars 1748. une lettre du 25 7bre 1746 à luy représenté lors de son interrogate. du 28 mars 1748. une lettre du 5 febvrier du 2. 8bre 1746. représentée aud. de la bourdonnois par son interrogat. du 3 mars 1748. Cahier de 51 Roles contenant plusieurs lettres, dont une dud. de la Bourdonnois aud. Dupleix du 16. 7bre 1746 9 heures du matin à luy représentée lors de son interrogate. du 22 mars 1748. et une lettre des S. Le prunevil Dulaurens et Bartholemy au Conseil superieur de pondichéry représenté aud. S. de la Bourdonnois par son interrogat. du 1er avril 1748, et parapher au desir de celuy par le d. S. du four de Villeneuve seulement, led. de la bourdonnois ayant refusé de les parapher. Cahier de 16 Roles intitulé journal des deputés du Conseil superieur de la Dladon, contenant copies de plusieurs lettres des dits deputés, dont celles représentés aud. de la Bourdonnois dans les differens interrogatoires, son paraphés au desir d'iceux par led. S. Dufour de villeneuve seulement, led. de la bourdonnois ayant refusé de les parapher savoir une lettre du 26. 7bre 1746 représentée par l'interrogat. du 24 mars 1748 une du 28. 7bre 1746. représentée lors de l'interrogate. du 2 avril 1748. une du 29. 7bre 1746. représentée lors de l'interrogat. du 27. mars 1748, une du 2e 8bre 1746 et représentée par l'interrogatoire du 1er avril 1748. une du 8.

1746 et représentée lors de l'interrogatoire du 27 mars 1748. Procès verbal
dressé par les d. députés du Conseil Supérieur de Pondichéry à Madras du
2e 8bre 1746 et représenté aud. de la Bourdonnais par son interrogatoire du
4 avril 1748 et paraphé au désir d'icelui par led. S. Dufour de Villeneuve
seulement, led. de la Bourdonnais ayant refusé de les parapher.
Cahier de 132 Rôles envoyé par le S. Dupleix à la Compagnie
ledit contenant les lettres du S. de la Bourdonnais aud. S. Dupleix
dont plusieurs lettres représentées aud. de la Bourdonnais par ses
différents interrogatoires ont été paraphées au désir d'iceux par le dit S.
Dufour de Villeneuve seulement, ledit de la Bourdonnais ayant refusé
de les parapher. Sçavoir une lettre datée au port Louis de l'Isle de
France le 17 7bre 1744 à lui représentée par son interrogatoire du 6
mars 1748. Deux lettres du même jour 28 juillet 1746 à lui représentées
par son interrogatoire du 7 mars 1748. une lettre du 29 juillet 1746 à
lui représentée par son interrogatoire du 21 mars 1748. La Capitulation
du Fort St Georges à lui représentée par ses interrogatoires des 19 et 21 mars
1748. Deux lettres du 24 7bre 1746 à lui représentées lors de son
interrogatoire du 20 mars 1748. une lettre du 26 7bre 1746 à lui représentée
par ses interrogatoires des 22 et 30 mars 1748. une autre lettre du 26 7bre
1746 à 9 heures du matin à lui représentée par ses interrogatoires des 20
et 22 mars 1748. une autre du 27e 7bre 1746 à lui représentée par
son interrogatoire du 19e mars 1748. Capitulation du Fort St Georges
contenant 20 articles à lui représentée par son interrogatoire du 19 mars
1748. une lettre du 7e 8bre 1746 à lui représentée par son interrogatoire
du 23 mars 1748. une lettre du 9e 8bre 1746 à lui représentée par son
interrogatoire du 23 mars 1748. Trois lettres du 16 8bre 1746 à lui
représentées par son interrogatoire du 22 mars 1748. une lettre du
12e 8bre 1746 à lui représentée par son interrogatoire du 26 mars 1748. une
lettre du 20 octobre 1746 à lui représentée par son interrogatoire du 23
mars 1748. Les pièces jointes à la requête du Proc.r gl du Roy et d'iceux
énoncées. Le procès verbal ou procès verbal dressé par led. S. Dufour
de Villeneuve le 18 mars 1748 volant les scellés apposés par le même
sçavoir un Cahier intitulé Mémoire pour faire connaître la
conduite de Mr de la Bourdonnais depuis qu'il est au service de la
Compagnie actuellement en forme de brouillon commençant
par ces mots : Monsieur, continuant une lettre écrite en chiffre en date de
la Bourdonnais du 9e fevr. 1748 à l'adresse de M. de la Bourdonnais à
l'Isbonne, une copie en chiffre pour servir, lecture de lui, les sceaux
paraphé de la Bourdonnais une lettre dudit M. de la Bourdonnais et d. de
la Bourdonnais datée de Londres du   février 1748. Lettre dudit M. de
la Bourdonnais à Londres du 4 fevr. 1748. Les pièces énoncées au dit
procès verbal ouverture de paquets de lettres du 15 janvier 1749 contenant
les 30 Côttes. Sçavoir une lettre écrite par nos datée à Madras à Naples le
20 janvier 1747 et pour notre copie et de S. Lenard de la Bourdonnais.

cottées 1. 2. 3. et 4. une lettre signée Boudier du 1er avril 1748 et son
enveloppe adressée aud. de la Bourdonnais cottée 5. et 6. une lettre
dud. Desforges, Boucher du 25 mars 1748 et son enveloppe aud. de la
Bourdonnais cottée 7. 8. et 9. une lettre dudit Desforges Boucher
du 28 mars 1748 et son enveloppe à l'adresse dud. de la Bourdonnais
cottée 10. et 11. une lettre signée Doly de Monteléon du 20 mars 1748
et son enveloppe à l'adresse dud. de la Bourdonnais cottée 12. et 13. une
lettre signée de Ballade du 8e avril 1748 cottée 14. et 15. une
lettre signée de Gailly du 26 mars 1748 et son enveloppe à l'adresse
dudit de la Bourdonnais cottée 16. et 17. une lettre dud. Ballade et
son enveloppe à l'adresse dud. de la Bourdonnais cottée 18. et 19. lettre
dud. Ballade du 1er avril 1748 et son adresse à l'ad. de la Bourdonnais
cottée 20. et 21. lettre du sieur de Fontbrune du 30 mars 1748 et son
enveloppe à l'adresse dud. de la Bourdonnais cottée 22. et 23. lettre du
dit de Fontbrune du 30 mars 1748 et son enveloppe à l'adresse d. la
D. de la Bourdonnais cottée 24. et 25. lettre signée Doly de Monteléon
et son enveloppe à l'adresse dudit de la Bourdonnais cottée 26. et 27. lettre
signée Doly de Monteléon et son enveloppe à l'adresse de lad. Dame de
la Bourdonnais cottée 40. et 41. première expédition de ladite lettre
et son enveloppe à l'adresse de la D. de la Bourdonnais cottée 42. et 43.
renfermant la volonté jointe à ladite cotte. cottée 44. lettre signée Boucher
de Blain du 18 mars 1748 et son enveloppe à l'adresse dud. de la
Bourdonnais cottée 45. et 46. lettre signée Sauseil Bouvée de Jean
du 26 mars 1748 et son enveloppe à l'adresse de lad. de la Bourdonnais
cottée 47. et 48. lettre signée St Martin du 28 mars 1748 et son
enveloppe à l'adresse de lad. Dame cottée 49. et 50. les cottes 28. et
suivantes jusques et compris la cotte 39 ayant été remises aux
agens respec. dud. de la Bourdonnais en exécution et jugement
du 31 janvier 1749 par un d'Allenard officier de la commission
un des doubles du traité de Rouen du 11. 8bre 1746 à l'usage
langue française et angloise passé entre ledit de la Bourdonnais
et S. marq. et les députés et sens conseil ledit double en gén'al
centenaire 7.R. a deg. chapier signé de la Bourdonnais et Morse
et autres Conseiller anglais vi proposent aud. de la Bourdonnais
et par luy remises par son ministre royal de 11 août 1748
cottée pas 1er en dit page part. d. és Def que de Villeneuve et
et Silley, et dud. de la Bourdonnais à sophie au. fils Registre royal
Les expéditions en cas d'positis, des volontaires et autres
Lettres dud. de la Bourdonnais au Maréchal de la Chenaye, datée du
camp devant Madras le 21 7bre 1746 autre lettre du d. sr
de la Bourdonnais au Roi de la Chaise cottée servans aussi servant
à Madras le 21. 7bre 1746 autre cottée du sr de la Bourdonnais
par duplicata de camp pendant Madras le 1er. 8bre 1746.

Lettre du S. Boulos au d. de la Chaize du 10. 9bre 1746. les d. 4. Lettres annexées
à la deposition dud. S. de la Chaize, ouy en la 2e addition d'information
faitte par devant le d. S. du four de Villeneuve. Les pieces deposées par
ell.e Marie anne Lenet Ve Sansay lors de sa deposition, faittes par avenant
de Senechal Dauray, et par luy renfermées dans un paquet par luy scellé
et lenuoié au greffe de la Commission, ledit paquet ouvert lors du
Recollement desd. Ve Sansay par devant le d. S. du four de Villeneuve
et luy representant cotté, par 1re du d. S. porté par d. Dufour de
Villeneuve et de luy, et de ladte Lenet Ve Sansay paraphées au nombre
de 7. cottes. Scauoir l'enuelope dud. paquet cotté 1. Lettre missiue
à l'adresse du d. S. Sansay signée Mac Mahon du 26. 8bre 1746 cotté 2.
Lettre missiue sans adresse, et sans datte signée Mac Mahon cotté 3.
Lettre sans datte signée de la Bourdonnais adressée au d. S.
Sansay en voie de à Madrost cotté 4. Lettre ecrite du S. Dumas
signée de la Bourdonnais dattée au port Louis isle de france le 2e ja.
1747 cotté 5. Copie d'une lettre ecrite à M. le Controlleur gl.
par le d. de la Bourdonnais et dud. de la Bourdonnais signée pour copie
du S. 8. 8bre 1746 cotté 6. en suite de laquelle en Copie d'autre lettre
dud. de la Bourdonnais au d. Controlleur gl. du 2. ja. 1747. Copie
d'une lettre ecrite par le dit de la Bourdonnais au M. Rouille, signée
du dit de la Bourdonnais pour copie cotté 7. et en suite de laquelle en
copie d'autre lettre du d. de la Bourdonnais au d. S. Rouille du 2.
ja. 1747. Les pieces annexées à la deposition du S. Ferret au Dumenil
Memoire ouy en la 3e addition d'information faitte par devant ledit S.
Dufour de Villeneuve les dittes pieces au nombre de 9 cottes par
pour par le d. S. par le d. S. Dufour de Villeneuve. Scauoir Lettre signée
Desforges Boucher dattée au port Lewis isle S. france le 1 juillet 1747
cotté 1. Lettre signée des forges boucher dattée au port isle de
Bourbon le 30 mars 1747 cotté 2. Lettre signée porcher de jouselly
dattée à port de Chassy du 11 2e 8bre 1746 cotté 3. Copie par extrait
non signée de Lettres dudit porcher dattée à mort de bheur le 6e
9bre 1746. cotté 4. Copie informe de la Recapitulation par le S.
Desforges, et la Ville de Madrost au M. par le dit La Bourdonnais
la d. Copie contenant 20 articles, dattée 5. Memoire pour le S.
de la Bourdonnais datté de l'année 1744. cotté 6. Lettre originalle
signée Mahé de la Bourdonnais dattée au Mage le 5 oct. 1741
cotté 7. Copie informe d'un extrait du registre des deliberations
du Conseil de la Madrost du 27 8bre 1741 cotté 8. Copie d'un memoire
du S. de la Bourdonnais intitulé representations au S. Seignela, et
en consequence d'icelles, au la depens du S. Desforges au dit

elle même signé dudict cotté qui d[it]re Les pieces annexées à la
deposition dud. Sr. Didier Dutertre témoin ouy en la d. 3e addition
d'information cotté pos 1re. et d[it]re page par mondit S[ieu]r. Dufour de
Villeneuve au nombre de 3. scavoir Lettre originalle dottée à
pondichery le 6. 8bre. 1746 cottée 1re. Lettre originalle dottée à
pondichery le 21e. 8bre. 1746 cottée 2e. Lettre originalle dottée à
pondichery le 30 7e. 1747 cottée 3e. et d[it]re. Lettre originalle signée d'andré
codette aud. S[ieu]r Lobry le 14e. 8bre. 1746 annexée à la Confrontation de
[e]tienne Lobry charté aud. de laBourdonnais le 6 mars 1749. Req[ues]te
du S[ieu]r g[enera]l du Roy tendante a ce qu'il luy soit donné acte de la plainte
qu'il rend par addition des faits y contenus et à ce qu'il soit donné
acte de la plainte qu'il rend par addition des faits y contenus et qu'il
soit ordonné qu'il en sera informé par devant led. S. Dufour de Villeneuve
et qu'il acte luy soit donné des pieces jointes à sa Req[ues]te et à ce qu'il soit
ordonné que le Sr. Guillaume de Banville soit pris et appréhendé
au Corps du 26. j[anvie]r 1750. les pieces jointes à sa d. Req[ues]te scavoir
Copie Collationnée par le sec[re]t[ai]re du Conseil de pondichery d'un
certifficat du S. freel. au sujet des evaluations faites par les S[ieur]s sauv-
Con[seille]rs au Conseil anglois de Madrast aux Duplicis de la so[mm]e payée
aud. de la Bourdonnais en particulier outre le prix stipulés de la
rançon. Copie Collationnée par le secretaire du Conseil de
pondichery d'une lettre escritte par le S. de Banville au S. Loth. j[ointe]
dottée duport noue du 1er may 1747. autre copie collationnée
par le d. secret[ai]re d'une lettre escritte par le d. S. Lesquelle aud.
Dupleis dottée à pondichery le 20. 9bre 1748. jugement qui
donne acte au S[ieu]r g[enera]l de saplainte par addition, ordonne qu'il
sera informé des faits y contenus par devant le d. S. Dufour de
Villeneuve luy donne acte des pieces jointes à sa Req[ues]te ordonne
qu'il de Banville sera adjourné à comparoir en personne pour
estre ouais, etto. ouy, et interrogé, et répondre aux conclusions dud.
S[ieu]r g[enera]l du Roy du 27 janvier 1750. jugement qui ordonne la ve[nue]
l'information faite par le senechal de Bren partant Commis des
6. 9. 18. 7bre 17. 18. 19. et octobre 1749. l'acte du 5. 7bre 1749.
contenans les faits au motif du subdélégation du S. g[enera]l celle des cens
faite par S[ieu]r Lesenechal de Bren les 23. 7bre 5[pt]a 3. et 27 8bre 1749.
ordonne que les témoins entendus en lad. information pourront être
denoncés ou entendus à la requeste du S[ieu]r g[enera]l par devant ledit S.
Dufour de Villeneuve du 4 j[anvie]r 1750. La requeste du S[ieu]r g[enera]l
qu'il soit ordonné qu'il sera informé par addition par devant
les senechaux de Bren et d'auray, lesquels seront les témoins
pour les entendre en leur d[e]position. jugement qui ordonne

ladite addition d'information et recolement pardevant les dits
sénéchaux de Bresse et Douvay du 27 janvier 1750. Commissions scellées
en la grande Chancellerie pour l'exécution des dits jugements. Requête du
dit procureur général aux fins ordonné qu'en sa présence et celle dudit sieur
le Bourdonnois les paquets mentionnés en icelle seront ouverts par
ledit sieur Dufour de Villeneuve, et que description sera par elle
faite des preuves renfermées dans lesdits paquets, et que du tout sera
dressé procès-verbal, jugement qui ordonne l'ouverture des dits
paquets et ledit procès-verbal des 27 janvier 1750. Procès-verbal fait
en la présence dudit procureur général et partie dudit sieur de Villeneuve d'ouverture
des dits paquets et de description des preuves y contenues, ledit procès-
verbal contenant lesdites, dudit mois de le Bourdonnois la remise
au greffe de 4 cahiers, et de petit carré de papier renfermé dans le
dit paquet du dit jour 27 janvier 1750. Requête du dit procureur général auquel ledit
sieur Dufour de Villeneuve s'est transporté au domicile du sieur Lenée témoin
assigné à la requête du dit procureur général non reposé attendre la maladie dudit
témoin ordonne audit sieur Dufour de Villeneuve par ledit
transport du 28 janvier 1750. Interrogatoires dudit M. de la Bourdonn
des 3. 5. 8. 11. et 12 février 1750. Assignations données à la requête
dudit procureur général aux témoins y dénommés pour ord. non posé enterrer informé aux
et aspter. Cinquième addition d'information faite par ledit
Dufour de Villeneuve le 28 janvier 3. 6. 13. 15. 14 février 20. 24 mars
30 avril 10. 14 mai 5. 19 juillet 13. et 19 octobre et 18 décembre au dit
an et 12 janvier 1751. Requête dudit mois de le Bourdonnois au qui n'y a
plaisé lui permettre de se choisir un conseil avec lequel il a été à la
liberté de communiquer pour sa défense. Jugement qui permet
audit de la Bourdonnois de communiquer avec son conseil du 5 may
1750. Jugement qui du bornel l'addition d'information faite
par le sénéchal de Bresse les 13. et 17 janvier 1750. et les recolements par
lui faits les 15. et 20 janvier audit an. ordonne que les témoins entendus
en ladite information seront recolés en leurs dépositions entendus à la requête dud.
procureur général bonne et valable sur le sieur Dufour de Villeneuve du 5 may 1750.
Requête dudit procureur général auquel les pièces de la ville et délivrances et soit à
l'effet de fournir de reprendre et oblige de la ville baques seront joints
au procès, jugement qui ordonne la jonction au procès de la dite pièce
du 5 may 1750. les dits 4 cahiers de recolles faits par ledit mois de la
Bourdonnois pour sa défense. Assignations données à la requête dudit
procureur général aux y dénommés pour faire, et diligence et son substitutions pour
la dépose dits sénéchaux y aspter. information faite par le
sénéchal de Bresse le 24 avril 1750. en présence de Villeneuve témoins

assignation donnée à la requette dud. p.r g.l cy denommé poursuite
et diligence de son substitut pour estre recollé en leur deposition
recollement desdits témoins fait par led. senechal de Brest les 28.
mars et 12 avril 1750. interrogatoire subi par Cezar Guillaume
de Barville pardevant les s.rs du four de Villaume le 22 feb.r 1750
Comparution personnelle dudit Barville au Greffe du 6 may 1750,
acte de repon fait par led. p.r g.l au greffe de la Commission de 11
preuve des denniers par le S. de Selle mentionnés dans la
confrontation dudit de Selle faisant maché de la Bourdonnais
du 15 fevrier 1750 lesd. témoins scavoir a esté institué passé
a observer a bord des Vaisseaux jusques a leur arrivée aux Indes
signé ettohi. de la Bourdonnais du 6 may 1746 Lettre missive
signé maché de la Bourdonnais datté a bord du Vaisseau Lachile
du 30 juin 1746. Coppie du provision de Commandant dud.
Duplex signée Banon, ledite provision du 23. 8.bre 1742
Lettre missive signé ettohi. de la Bourdonnais adressé au S. de
Selle datté a Madras le 13. 8.bre 1746. ordre signé Bourdonnais
du 13. 8.bre 1746. autre ordre signé ettohi. Bourdonnais du 14
8.bre 1746, et au bas d'iceluy Billet signé de Lasquelin du 15 et 8.bre 1746
ordre signé Bourdonnais du 12. 8.bre 1746 autre ordre signé
detoha Bourdonnais du 14 8.bre 1746 et au bas d'iceluy par le
Vaisseau le Bourbon, Lettre missive signé Duplessis par
Duplicata adressé au S. de Selle datté a Pondichery les 8.
8.bre 1746. assignations données a la requette dud. p.r g.l poursuite
et diligence de son substitut aux cy denommés pour deposer en
l'addition d'information cy apres et estre recollé en leur
deposition. Autres additions d'information faite par
le senechal Dauvray les 11. feb. 12. 13. 15. et 17. avril 4. 5. 6. 8. 11
et 14 may 1750 Composée de 39 témoins. recollement desdits
témoins fait par led. senechal d'auvray les 12. feb. 13. 15. 17. avril
4. 5. 6. 8. 11. et 14 may 1750. assignations données a la requette
dud. p.r g.l poursuite et diligence de son substitut aux cy denommé
pour deposer en l'addition d'information cy apres et estre recollé
en leurs depositions. L'addition d'information faite par le
senechal d'auvray les 11. et 13 juin 1750 composée de 9 témoins
recollement des d. témoins fait par le S. senechal d'auvray
les 11. et 13. juin 1750. les pieces jointes et le dit jugement

du 5 may 1750 sçavoir, une enveloppe contenans pour souscription
paquet cacheté déposé au greffe du Conseil Supérieur de
Pondichery pour nous françois mahé de la Bourdonnais & une
autre enveloppe portant adresse à Mr orry Controlleur gl
des finances lettre signé mahé de la Bourdonnais datté à
Pondichery le 9e 7bre 1746, autre lettre signé pour copie
Bourdonnais intitulée copie de la lettre escritte à Mr Dupleix
pour march de la Bourdonnais gouverneur de negapatan
autre lettre signé pour copie Bourdonnais intitulée copie
de la lettre écrite à Mr Dupleix au de la Bourdonnais le 6e 7bre 1746
pieces signé Hubert datté à Pondichery le 9e 7bre 1746 —
intitulé inventaire des pieces contenus dans le present paquet —
et adressé à Mr le Controlleur general, les 6 pieces composans
la totalité delienant des papiers du S. de la Ville copie à —
Lettres patentes qui subrogent Mr Barbery & Courteille —
Conser d'Etat, au lieu et place de Mr Jolier et fleury int. des
requettes, pour ssecquer aux jugemens tans d'instruction que
intterlocutoires, et definitif conjointement avec nous du 19e may
1756 jugement d'enregistrement des d. lettres patentes du 28
aoust 1750. Requte des pr gl du Roy tendans afin de jonction
d plusieurs pieces au proces du 14e aoust 1750 jugement qui
ordonne la jonction des d. pieces au proces dud. jour 21 aoust
1750 Lordre des pieces jointes au proces sçeandes, Nottes d'effets
emballés a esté Madrass pour le S. del. Bourdounais embarqué
sur le Vaisseau Lachille - nottes tenues par le S. Desjardins
des Especes trouvées dans le tresor de Madrass, ordre donné
par le S. Deprennens au S. Desjardins de se rendre à Pondichery
du 9e 8bre 1746 au bas est lordre dud. S. de la Bourdounais
au S. Desjardins de se rendre à Madrass pour le chargement
des vaisseaux du 9e oct. 1746 Commission donnée par le
S. de la Bourdonnais au S. de Ville Lagrée et de Jarse pour
faire les fonctions de Commaire à Madrass du 24 8bre
1746. Nottes des Clefs de differens magasins a madras
au nombre de 86 j'inventaire des effets dud. S. del.
Bourdonnais ft la liste des somes de la Me du Roy le 10e
avril 1748 contenans sous les cottes 75 lin... ordrie de
differens paquets cacheté, et depost chamostere notte

nent g.al a l'Isle de France — Expédition de l'état de dépôt d'un
paquet de scripts faits aud. Mahé à Madrast, par le d.s S. de la
Bourdonnais. Compte vendu par le sieur Villecolles au Conseil
Supérieur de l'Isle de France de king milles pagodes aluy —
Déposés par le d. S. de la Bourdonnois. Etat rendu par le S. Costeret
de Chargement des Vaisseaux a Madrast à Moide 7. 8.bre 1746
Copie des Comptes de différens effets trouvés a Madrast arrêté a
Madrast le 22. 8.bre 1746. Requeste du p.r g.al du Roy a requis soit
ordonné addition d'information par devant le Sénéchal
d'auvay du 1.e aoust 1750. jugement qui ordonne la dite
addition d'information par devant le d. Sénéchal d'auvay
du 27. aoust 1750. la plainte du d. p.r g.al du Roy contre le
nommé Montigny d.s Desjardins soldat de la Compagnie des
indes, au q.l fait arrêté, et recommandé à la requeste dud. p.r
g.al du Roy au château de la Bastille sous le bon plaisir de
M. et au q.l soit ordonné q.il sera informé des faits contenus
en sa d. plainte par devant le d. S.r Dufour de Villeneuve du 18.
aoust 1750. jugement qui luy donne acte de sa plainte —
ordonne que le d. Montigny d.s desjardins sera arrêté, et
recommandé à la requeste du d. p.r g.al du Roy au Château de la
Bastille sous le bon plaisir de S. M. permet aud. p.r g.al du
Roy de faire informer des faits contenus en sa plainte du
21. aoust 1750. Interrogatoire subi par le d. Montigny d.s
Desjardins par devant le d. S.r Dufour de Villeneuve le 22.e aoust 1750
Reg. du d. S. Mahé de la Bourdonnois aux fins de faire —
Délivrer les copies de plusieurs pieces par devant le d. S.r
Dufour de Villeneuve du 1.er 7.bre 1750. prononciation et
collation des 3 pieces, fait en présence du d. p.r g.al du Roy par le
d. S.r Dufour de Villeneuve le 13. 7.bre 1750. Req.te du d. S. Mahé
de la Bourdonnois aux fins de joindre les dites prononciations,
et le d. proceverbal au procès du 28. 7.bre 1750. ordonnance
étant au bas de la d. Req.te de soir montré du 28. 7.bre 1750. les
dites copies collationnées, scavoir copie des provisions
du Gouverneur g.al des Isles de France, et de Bourbon accordée
par le Roy au d. Mahé de la Bourdonnois le 10.e 9.bre 1734
Cahier intitulé ordres, et instructions particulières pour M.
Mahé de la Bourdonnois Gouverneur g.al des Isles de France,
et de Bourbon. autre Cahier intitulé instructions par le
S. de la Bourdonnois du 16. janvier 1741. feuille de papier
intitulé paquet, et cartes prouvés, encaissés, ? contenant
les instructions portées au d. S. de la Bourdonnois du 19.e janvier 1741. le d.
aud. S.r de la Bourdonnois signée ordres, instructions par ce

autre Lettre signée Orry adressée aud. S. de la Bourdonnois du 30. 9bre
1742. Lettre signée Orry aud. S. de la Bourdonnois du 5. Xbre 1742. autre
signée Orry aux officiers du Conseil de Pondichery du 18. fev. y.
autre signée Orry aud. de la Bourdonnois du 29. janv. 1745. ordre
du Roy adressé aux officiers des Vaisseaux de la Compagnie des
Indes du 11 avril 1745. autre ordre du Roy adressé audit S. de la
Bourdonnois du 3. mars 1746. Articles de Capitulation du fort
St. Georges et de la Ville de Madrass du 21. 7bre 1746. inventaire
des effets qui se sont trouvés dans 2. coffres forts étans dans la
Salle du Gouvernement de Madrass du 9e. 7bre 1746. provisions
accordées par le Roy, aud. Dupleix de Commandeur des forts
et autres lieux françois dans les Indes du 23. 8bre 1742. délibn.
du Conseil de Pondichery du 30. 7bre 1746. autre dudit Conseil
du 5. octobre 1745. procez verbal fait par les députés du Conseil
de Pondichery à Madrass du 2. 8bre 1746. Conseil de Guerre tenu par
led. S. de la Bourdonnois le 9. 8bre. 46. inventaire des effets trouvés
dans le trésor de Madrass le 3. octobre 1746. Certificat du Sieur
Schouanville du 9. 8bre 1746. ordre signifié aud. S. de la Bourdonnois
par le S. Bury le 4e. 8bre 1746. protestation du S. morse du 25.
7bre 1746. écrit file. Déclaration faite par les députés au
dit S. de la Bourdonnois du 9e. 8bre 1746. déclaration de liberté
donnée au Conseil anglois par led. S. de la Bourdonnois du 9e. 8bre 17
extrait de 4. articles de la Capitulation du 21. 8bre 1746. concernant
les passeports du 30. 9bre 1746. déclarations des Capitaines des
Vaisseaux nouvellement arrivés au Conseil de Pondichery du
14. 8bre 1746. nomination des Srs. Villebague et Desjardins pour
commissaires à Madrass du 19. octobre 1746. Etat du pillage
de l'artillerie de Madrass entre les françois, et les anglois du 20. 8bre
1746. procez verbal de la confection des 13. paquets relatifs à la
Capitulation du 21e. 8bre 1746. Copie de la Capitulation du dit jour
21. 8bre 1746. anciennne adresse au bas au Conseil de Pondichery
instructions pour les Capitaines du mars et du St. Louis du 30. 8bre
1746. instruction aux Capitaines du Saintor, de St. Louis, du Mars
du Lys et du Brilliant du 26. 8bre 1746. Compte des matières d'or
d'argent provenant de la prise de Madrass du 22. 8bre 1746. ——
Capitulation du fort St. Georges du 21. 7bre 1746. Lettre en. Orry
au dit S. de la Bourdonnois du 29e. 9bre 1745. autre en. Orry au
dit S. de la Bourdonnois du 29e. Xbre 1745. autre du S. Dupleix au
même du 21. 7bre 1746. autre du même au même du 23. 7bre 1746.
autre du même au même du même jour. extrait du Conseil autre
du même au même du 24e. 7bre 1746. autre du Conseil de Pondichery
au même du même jour. autre du S. Dupleix au même du 25. 9bre 17

autre du même au même du même jour. autre du Conseil de Pondichery
au même du même jour. autre du d. Conseil au même du même jour 9
heures du soir. autre du S. Dupleix au S. S. la Bourdonnais du 26
7bre 1746. autre des sieurs Dupremesnil, Delaveur et Barthelemy du
27. 7bre 1746. remontrances du S. Delorge aud. S. de la Bourdonnais
du 16/17 7bre 1746. Lettre du S. Bonneau aud. S. de la Bourdonnais du 28.
7bre 1746. Remontrances dudit S. Bonneau aud. S. de la Bourdonnais du
même jour. Lettre du Conseil de Pondichery aud. de la Bourdonnais du
même jour. autre dudit Conseil au même du 29. 7bre 1746. autre dudit
Dupleix au même du même jour une heure du matin. autre du même
au même du même jour huit heures du matin. autre des S. Dupremesnil
Delaveur, et Barthelemy au même du 30 7bre 1746. autre du S.
Dupleix au même du même jour. protestations des S. Dupremesnil
Delaveur, et Barthelemy du 30. 7bre 1746. Lettre du Conseil de
Pondichery aud. S. de la Bourdonnais du même jour. autre des sieurs
Dupremesnil delaveur, et autres au même du 2. 8bre 1746 après midi
autre du Conseil de Pondichery au même du 4. 8bre 1746 autre du
dit Dupleix au même du même jour. autre des sieurs Dupremesnil
Delaveur, et autres au même du même jour. autre du Conseil de
Pondichery au même du même jour. autre du Dupleix au même du
4. 8bre 1746. autre des S. Dupremesnil, Delaveur, et autres au même
du 6. 8bre 1746. autre du S. Bruyere au même du même jour
autre des S. Laladie Gorgas, et Launay au même, du même jour
autre du Conseil de Pondichery au même du même jour. autre des
S. Dupremesnil, delaveur, et autres au même du 7. 8bre 1746.
autre du S. Dupleix au même du 8. octobre 1746. autre du
même au même du même jour. autre du Conseil de Pondichery
au même du même jour. autre du S. Dupremesnil au même
du 9. 8bre 1746 autre du Conseil de Pondichery au même du
même jour. autre du Dupleix au même du 12. 8bre 1746 autre du
même au même du même jour. autre du Conseil de Pondichery
au même du 13. 8bre 1746. autre du S. Dupleix au même du 17. 8bre 1746. autre du même au même du
15. 8bre 1746 autre du S. Dupleix au même du 17. 8bre 1746
autre du même au même du même jour. autre du même
au même du 18. 8bre 1746 autre du Conseil de Pondichery
au même du 19. 8bre 1746 autre du S. Dordelin au même au
même du 20 octobre 1746. autre du Conseil de Pondichery au
même du même jour. autre du S. Dupremesnil au même
jour. autre du même au ...

et autres du 24. 8bre 1746. autre des sieurs Dordelin, Gardin, et autres du
Conseil de pondichery du dit jour. autre des mêmes, au même du même
jour. autre du Conseil de pondichery au S. de la Bourdonnais du 26.
8bre 1746. autre du même au même du même jour. autre d'adeps
au même du même jour. autre du même au même du même jour. autre
du même au même du 7e fevrier 1747. Copie d'une lettre écrite à M. le
Comte de Maurepas par les sieurs de Caylus et Ronché. du 27. 7bre 1747.
Lettre des sieurs Delrumenil Delaurent et autres au S. de Fombrune du 28.
7bre 1746. autre dud. Dupleix au S. de la Bourdonnais du 21. 7bre 1746.
autre du même au même du 17. 7bre 1746. autre du même au même
du même jour des heures après midy. autre du même au même du 18.
7bre 1746. 10. heures du matin. autre du même au même du même jour.
2. heures après midy. autre du même au même du même jour 3. heures
après midy. autre de la D. de Barneul au S. de la Bourdonnais du
19. 7bre 1746. autre dud. Dupleix au même du même jour. autre du
Cod. de Barneul au même du 20. 7bre 1746. 5. heures. Deliberation
des Capitaines Dordelin, Gardin, et autres du 28. 7bre 1746. envoyée
au S. Delabourdonnais et au certelle aux Capitaines des vaisseaux de
l'escadre du même jour. Lettres des S. Dordelin, Gardin, et autres au
S. de la Bourdonnois du 26. 8bre 1746. en vertu de ces actes dans en suite du dit
jour et du 27. 8bre 1746. autre du Conseil de pondichery audit S. de
la bourdonnois du 14. 8bre 1746. autre dud. Dupleix au même du
11. 8bre 1746. autre du Conseil de pondichery au même du 15. janvier
1746. autre dud. Dupleix au même du 17. 7bre 1746. autre du
même au même sans datte 5. heures du soir. autre du même au
même du 6. 7bre. autre du même au même du 20. 7bre 1746. autres des sieurs
De la Villebague, et des jardins au S. Dupleix du 3. 9bre 1746. autre des sieurs
De la Villebague au S. Barthelemy du 6. 9bre 1746. autre du Dupleix aud.
Sr de la Villebague, et des jardins du 3. novembre 1746. Certificat des officiers
du vaisseau le prince Emarie du 5. novembre 1746. autre certificat
aud. Barthelemy du 9. 9bre 1746. Lettre du S. de la Villebague
Barthelemy, des jardins, et autres du 4. 9bre 1746. instruction pour led.
Sr de la Villebague du 27. octbre 1746. Commission donnée aud. S. de
la Villebague, et led. S. de la Bourdonnois du 4. 8bre 1746. Commiss.
de Port au sieur d'armée donnée aud. de la Villebague par les directeurs de la
Compagnie des Indes du 26. 9bre 1738. Lettre du S. des jardins aud. S.
de la Bourdonnois du 1er fevrier 1747. autre dud. de la Villebague et au
Dupleix du ... octbre 1746. instructions pour le dit S. de la Villebague
et des jardins du 22. 8bre 1746. Commission aux mêmes donnée par
led. S. de la Bourdonnois le 19. 8bre 1746. Lettre dud. S. de la Villebague

audit Dupleix du 9.e 8bre 1746. ord.e dud. S. de la Bourdonnois, audit S. de la
Villebague du même jour 9. 8bre 1746. en suitte d'un autre ordre donné
aud. S. de la Villebague du 9. 8bre 1746. nomination des Sieurs de la
Villebague et Desjardins pour Commissaires adjoints du 24. 7bre 1746.
Lettre dud. S. de la Villebague aud. S. de la Bourdonnois du 1er Janvier
1748. autre du même jour du 29. 9bre 1748. Commission Jacques
S. Bruyeres du 30. 7bre 1746. Lettre de Mr Orry du 7.e mars 1744.
extrait des Lettres d'etablissement de la Compagnie des Indes du mois
d'aoust 1665. Lettre dud. S. de la Villebague aud. S. de la Bourdonnois
du 1er Janvier 1749. Remontrances de la Colonie de Pondichery
aud. Dupleix du 30. 7bre 1746. instructions pour les Capitaines
du Centaure, du mars, du Brillant, et de St Louis du 30. 8bre 1746.
dans laquelle pièce est inseré une lettre dud. Dupleix du 8.
8bre 1746. Commission de Commandant de l'escadre donné aud.
Despremenil le 30. 7bre 1746. Lettre des Sieurs Villebague et
Desjardins audit Dupleix du 7. novembre 1746. toutes lesdites
pièces en coppies Collationnées par le S. Dulau de Villeneuve
sur les originaux, et coppies à luy representés par ordre au bas de
chaque page, et signées en fin d'icelles par ledit Dulau de Villeneuve.
assignation donnée à la reqte du S. Pr.g.l procureur général audit S.
des substituts aux dénommés pour deposer en la dite addition
d'information cy après, et etre recolés en leurs depositions,
5. addition d'information faite par le Senechal d'Auray
les 8. 11. 13. 18. 20. et 22. 7bre 1750. compose de 25. témoins
recolement desd. témoins fait par led. Senechal d'Auray
les 8. 11. 13. 16. 20. et 22. 7bre 1750. assignation donnée à la
reqte dud. S. Pr.g.l procureur, et diligence dudit substitut aux
dénommés pour deposer en l'addition d'information cy après,
et etre recolés en leurs depositions, addition d'information
faite par le Senechal de Brest composé de 13. témoins du 20. 4.
1750. Recolement desd. témoins faits par le Senechal de
Brest au 2. 8bre 1750. procès verbal de perquisition de la
personne du S. Gauttier et de la palissade fait par Debrye
greffier en chef, et de la Commission, ainsy qu'il est detaillé en sa
deposition du 17. fevrier 1750. autre procès verbal de
perquisition dud. S. Bonneuil Losiere fait par ledit Debrye
ainsy qu'il est detaillé en sa deposition du 20. fevrier 1750.
2.e interrogatoire du dit Barreville sur leroy public conduisant

le dit S.r Dufour de Villeneuve le 18. 9bre 1750. Interrogatoires du d.
d. la Bourdonnais par luy subis par devant le d. S.r Dufour de Villeneu
le 19.e 9bre du matin et relevé 1750. ces pieces representées audit S.r
la Bourdonnais lors de l'interrogat.re d'iceluy jour 19 9bre et relevé
S.çavoir un exemplaire imprimé d'un ouvrage anglois intitulé
a. Letter to a proprietor of the East — India Company
contenant plusieurs lettres escrites par le S. Morse, et bonson, en
frian anglois le d. imprimé contenant 122. pages. manuscrit
contenant la traduction françoise du dit livre, dont acté fait sur les
aud. de la Bourdonnais de plusieurs lettres mentionnées audits
interrogatoires. jugemens qui ordonne la jonction au procès des
pieces enoncées au procès verbal dudit S. de Villeneuve du 11.e 9bre
led. jugemens du 1.er x.bre 1750. Requeste du d. Lagatinais afin
de longs' l'une de sa personne du S. de V.e d.r jugeant qui joins la
S. Reg.te au procès, ch.ef a disjoindre fit recher du g.d x.bre d.r
Requeste du d. S. g.l pour fait de la nouvelle la disposition, et le
recolement d'icelle anob. sur le d. x.bre 1750. jugement qui ordonne
allencontre de Morville gentilhomme françois son testament recolé
et s'il besoin en confronté a l'accusé du 23. x bre d.r autre jugement
qui ordonne allencontre dud. a Montigny de disjoindre qui les témoins
françois soint entendus seront recolés et leurs depositions, que si besoin
de la Bourdonnais dans les interrogatoires par luy subis par devant le dit
du S. de Villeneuve les 16 mars du matin et relevé, 17 dudit mois
du matin et relevé, 18 dud mois du matin, et relevé, 19 et 20. dudit mo
27. dud mois du matin et relevé, 23. 24. dud mois du matin et
relevé 25. 26. 27 dud mois du matin, et relevé, 28 et 30 dudit mois du
matin et relevé 31 dud mois du matin, et relevé, 2 et 4 avril et 10 may du
et 18 juin 1749. l. d. Repetition du d. x.bre 1750. autres petition du
d. de la Bourdonnais dans les interrogatoires par luy subis p. devant ledit
S.r Dufour de Villeneuve les 10 et 19.e juillet 1749. 5 febvrier 1750. du matin
ledite repetition du 25. x.bre 1750. Repetition dud. de la Gatinais dans
les interrogatoires par luy subis par devant ledit S. Dufour de Villeneuve
les 14 may 19 et 20 juin 1748. 26 febvrier et 5 juillet 1749. l. d. Repetition
dans x.bre 1749. la vigie du d. pr. g.l aux fins de sa joind. au procès
les lettres mentionnées du 13.e j.er 1751. jugemens du 22 j.er 1751.
qui joint les d. 2 pieces au procès, lesdites 2 pieces jointes au proc.
sçavoir copie de la lettre du d. Morse au d. Dupleix du 23 juin 1749 en
langue angloise, certifiée par le S. Schonamille, et legalisée par les

Duplicis. traduction de lad. lettres françoise. Regrs des règle
auxquels proces des S[ieu]r Mahé de la Bourdonnois, et sa compere,
dud[i]t S[ieu]r Bourdes et dud[i]t Mortigny, seront joints pour y être
statués par un seul et même jugement sauf a disjoindre fait
echoir du 9e. X[bre] 1751. jugement qui a donné les d[i]t proces être
joints en tant que de besoin sauf a disjoindre fait echoir
du 22 X[bre] 1751. et même Requisit[oire] dud. S. d. la Bourdonnois
signifié a soirequelle le 18 j[anvie]r 1751 aud. pr[ocureu]r g[énéra]l du Roy aux
greffe de la Commission en la personne de M[e]. de Menard
greffier en icelle. au remis en o[r]is dud. S. Mahé de la
Bourdonnois pareillement signifié a la Requ[ête] le 18 j[anvie]r 1751 aud[i]t
pr[ocureu]r g[énéra]l et au d[i]t m[aîtr]e Menard. les Conclusions a sa[voir] [illegible]
du d[i]t procureur general du Roy en la Commission
Le tout ensemble et Roy publié, qui a pourveu d'effecter[?]
fait à la porte de la Chambre pour ordres au d[i]t audré
de Comparoître par Debury huissiers et Cossiers du Roy
et de la Chambre le ce jour 3. feuvrier 1751 huit heures,
du matin.
Sous que et considéré
oui les rapport du d[i]t S[ieu]r Dufour de Villeneuve Commissaire
Rapporteur du procès d'audiances du 27. 9[bre] 1er. 4. 9.
11. 13. 18. 23. 30 o[cto]b[re] 1750. 5. 8. 12. 15. 22. 26. 29.
janvier et 3. feuvrier 1751
Ledit François Mahé de la Bourdonnois pour avoir interrogé
en la Chambre, pour amandé, et fait venir de sa prison du
château de la Bastille, et place derriere le Barreau
Ledit Thomas jacques de la Gatinais aussy pour avoir
interrogé en la Chambre, pareillement pour amandé
faire venir de sa prison dans le d[i]t Château, et place derriere
le Barreau
Ledit Guillaume le jeune Baville pour avoir interrogé en
la Chambre placé derriere le Barreau
Ledit jacques Mortigny du Desjardin aussy interrogé
pour venir en la Chambre pareillement, et fait venir de
sa prison dans ledit Château, et qui avoir été interrogé
en la Chambre, et fait asseoir sur la Sellette

et Nous Commissaires Generaux, Susdits, en vertu du pouvoir a nous donné par Sa Majesté par les Susdittes Lettre patentes, avons declaré nulle la deposition et le recolement de François Buret, et ce faisant concerne lesdits François Mahé de la Bourdonnais et Guillaume, et Pardo Bouville, les avons deschargés de l'accusation intentée contre eux, en consequence ordonnons apres que le bon plaisir de Sa Majesté led. de la Bourdonnais sera élargi, et mis hors du Chateau de la Bastille, en ce qui concerne Thomas, Jacques de la Patinais luy enjoignons d'estre plus exact d'autres fonctions qui luy seront confiées. ordonnons pareillement sous le bon plaisir de Sa Majesté qu'il sera élargi, et mis hors du Chateau de la Bastille, et adjugeant le proffit de la Sentence contre ledit André, l'avons mis hors de Cour sur l'accusation intentée contre luy, et en ce qui l'accusation intentée contre ledit Martigny dit Desjardins, l'avons pareillement mis hors de Cour, ordonnons que sous le bon plaisir de Sa Majesté, il sera mis en liberté et élargi du Chateau de la Bastille, Sauf son droit sur les Conclusions du procureur general du Roy en la Commission, ordonnons que l'imprimé intitulé Memoire pour le Sieur de la Patinais, Capitaine de Vaisseau d'ancre pied, sera et demeurera Supprimé. Le dit jugement

Signé ainsi
...daines
Gilbert de Voisins
Barberye de Courteille

Defer de Bretteuauc...
Doublet de perfan...
Briquet
Bertin aux ponsophe...
Guignard d...
De la michaudiere

Conforme a la minute
...ard... Greffier.